Ilustraciones de la salvación

24 Maneras de Explicar el Evangelio

ROSE
ESPAÑOL

24 maneras de explicar el evangelio

Algunos conceptos e ideas de la Biblia son difíciles de expresar en palabras. Las metáforas sirven para hacer más comprensibles algunos conceptos abstractos y complejos como el amor, el perdón o el pecado. Mediante el empleo de imágenes comunes y corrientes —como la jardinería, las enfermedades, la integración a una familia, la ciudadanía o las deudas—, las metáforas vinculan los conceptos abstractos a experiencias más personales y concretas.

El evangelio es la buena nueva sobre Jesús: Él vino a salvarnos. Es importante explorar, aprender, apropiarse de las ilustraciones presentadas en la Biblia y usarlas para explicar la obra que Cristo hizo en la cruz.

¿Qué significa la «salvación»? ¿Cómo se explica en la Biblia? ¿Cómo podemos explicársela a otros? En las siguientes páginas se presentan 24 ilustraciones de la salvación.

Porque por gracia ustedes han sido salvados mediante la fe; esto no procede de ustedes, sino que es el regalo de Dios, no por obras, para que nadie se jacte.
Efesios 2:8-9

Una ***metáfora*** es una figura retórica en la que el significado corriente de una palabra o frase se usa con un sentido distinto para sugerir una semejanza o analogía entre ambas ideas u objetos.
Una ***ilustración*** es un ejemplo que sirve para explicar y aclarar un concepto.

Un velo quitado

La Biblia es la revelación de Dios al ser humano (2 Timoteo 3:16). En ella encontramos a Dios, aprendemos a conocerlo y a comprender su obra. Revelar significa «quitar el velo», para descubrir algo que estaba oculto y sacarlo a la luz. Solo cuando Dios levanta el velo que nos cubre los ojos, podemos conocerlo y ver sus acciones.

- El Señor Jesús se refirió a «los secretos del reino de Dios» (Lucas 8:10). El apóstol Pablo escribió sobre los misterios de Dios revelados en Jesús (Romanos 16:25; Efesios 1:9; 3:6; Colosenses 1:26).
- Las Escrituras ahora nos revelan algunos de estos secretos y misterios, pero no todos (Deuteronomio 29:29). Dios levantó el velo lo suficiente como para que podamos ver quién es Él, lo que hizo en la historia, la obra de salvación de Jesús y nuestra necesidad de ser salvos.

Metáfora	**Biología**	Jesús nos promete vida nueva y abundante (Juan 10:10).
Aspectos positivos	**Vida**	• Vida abundante (Juan 5:24-26). • Pan de vida (Juan 6:35). • Dios quiere que demos frutos (Juan 15:8; Colosenses 1:10).
Aspectos negativos	**Muerte**	• Merecedores de la muerte (Romanos 1:32). • La muerte reina desde Adán (Romanos 5:12-14). • El pecado hace que no haya fruto (Génesis 3:16-19; Lucas 3:9; Juan 15:2).
Explicación	• La muerte es una realidad humana, pero Jesús ofrece la vida, la vida eterna. • Como metáfora, la muerte representa el fin de toda posibilidad y esperanza. Las personas viven como si estuvieran muertas, sin esperanza y separadas de Dios. • Jesús ofrece vida abundante y la oportunidad de vivir la vida como fue intención de Dios que la viviéramos desde el principio. • Jesús resucitó a Lázaro (Juan 11). Además de ser un milagro, también muestra lo que Jesús puede hacer, y hace, por los suyos: da nueva vida. • Al recibir vida nueva, Dios quiere que demos fruto y que compartamos esa vida con las personas a nuestro alrededor.	

Metáfora	**Desarrollo humano**	Jesús promete completar en cada creyente la obra transformadora que lo lleve a la madurez (Filipenses 1:6).
Aspectos positivos	**Madurez**	• Parábola del sembrador (Lucas 8:14). • La madurez (Efesios 4:13). • Constancia para llegar a la madurez (Santiago 1:4). • Ya no somos necios (Tito 3:3).
Aspectos negativos	**Inmadurez**	• Los ídolos hechos por manos humanas son inútiles (Jeremías 10:8). • Necesitamos enseñanza (Romanos 2:20-22). • Ignorancia de Dios (Efesios 5:17).
Explicación	• Uno de los efectos del pecado es que frena el crecimiento. Dios quería que el ser humano viviera una vida plena. El pecado nos impide desarrollar nuestro verdadero potencial; hace que procedamos como necios, que seamos inmaduros. • El pecado interrumpe nuestro crecimiento. Aunque creemos ser sabios, nuestro pecado nos convierte en necios (Romanos 1:22). • Cuando Jesús nos cuida, somos como árboles plantados junto a la orilla de un río, con fuerza para soportar las sequías (Salmo 1:3).	

Metáfora	Creación	Jesús nos da la oportunidad de nacer de nuevo, de ser una nueva creación. Es más que empezar de nuevo, es empezar bien (Juan 3:16-18).
Aspectos positivos	Nueva creación	• Jesús habló de nacer de nuevo (Juan 3:3,7; 1 Pedro 1:23). • Quienes nacen de Dios son hijos de Dios (1 Juan 3:9-10). • Los cristianos son una nueva creación (2 Corintios 5:17; Gálatas 6:15). • Jesús se presenta como el segundo Adán (Romanos 5:15-17). • Jesús es el primogénito de la nueva creación (1 Corintios 15:27; 2 Corintios 5:17; Colosenses 1:15; Filipenses 3:21).
Aspectos negativos	Vieja creación	• El pecado transformó a toda la creación (Gén. 3:18; Rom. 8:22). • El pecado entró por la desobediencia de Adán (Romanos 5:12-14). • Esta creación pasará, y Dios hará nuevas todas las cosas (Apocalipsis 21:1; 2 Pedro 3:13). • Nada de la vieja creación podrá entrar en el reino de Dios (Juan 3:5).
Explicación	• Jesús ilustró este punto con una imagen común de su tiempo: un retazo nuevo para remendar un vestido viejo (Mateo 9:16). • Es evidente que cuando la prenda se lave, el remiendo se encogerá y fruncirá, y el vestido se arruinará. Lo viejo y lo nuevo no son compatibles. • De la misma manera, la gracia de Dios exige un corazón nuevo (Ezequiel 36:26). • Así como Dios nos hace una nueva creación, también hará nuevas todas las cosas un día (Apocalipsis 21:1).	

De la creación a la nueva creación

Naturaleza humana	Qué	Cuándo	Dónde	Quién
Inocente	Un corazón bueno (Génesis 1:31)	En el principio (tiempo pasado)	En Edén (en el paraíso)	Adán (nuestro primer antepasado)
Caída	Un corazón corrupto (Gén. 3:19; 6:5,11,12; Rom. 3:9-19)	Con el primer pecado (tiempo presente)	En la tierra (un desierto fuera del Edén)	Toda la humanidad
Redimida	Un corazón transformado (Rom. 12:1-2)	En la muerte y resurrección de Cristo (tiempo presente)	En el Calvario (fuera de la ciudad de Jerusalén)	Todos los que están en Cristo (en la conversión)
Perfecta	Un corazón puro (Mateo 5:8; Hebreos 12:14)	En el tiempo venidero (tiempo futuro)	En el cielo nuevo y la tierra nueva (en la nueva Jerusalén)	El pueblo de Dios (los creyentes en Cristo, el último Adán)

Metáfora	AGRICULTURA	Unidos a Jesús, el pueblo de Dios tiene nueva vida, puede dar fruto y tiene vida abundante.
Aspectos positivos	UNIÓN	• Dios se presenta como un jardinero dedicado (Isaías 5:1-7). • Jesús nos permite ser salvos al injertarnos en el tronco, para que seamos parte de su pueblo (Romanos 11:24). • El pueblo de Dios es como un árbol plantado junto a corrientes de agua (Salmo 1:3). • Solo podemos llevar fruto si nos mantenemos unidos a Jesús, la vid verdadera (Juan 15:1-8).
Aspectos negativos	SEPARACIÓN	• Dios desgajó algunas ramas de Israel para que los gentiles pudieran ser parte del pueblo de Dios (Romanos 11:17-21). • Quienes no tienen a Jesús son como la paja arrastrada por el viento (Salmo 1:4). • Separados de Jesús, nadie puede llevar fruto (Juan 15:4-6).
Explicación	• La jardinería se ha convertido en una actividad urbana y es vital en las comunidades rurales. Injertar y podar son dos actividades comunes en jardinería. • Los jardineros, tanto los profesionales como los aficionados, saben que la poda es importante para el cuidado y la productividad de la planta. • Como un jardinero que cuida de sus plantas, Dios cuida de su pueblo. • Dios nos toma, aunque seamos como paja seca, y nos injerta en el árbol de su pueblo para darnos vida nueva. • Ser salvos es comparable a una planta, bien cuidada y fructífera, en el jardín de Dios.	

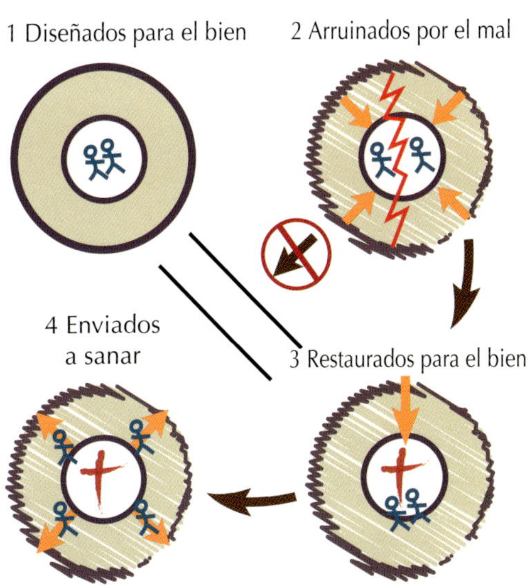

La ilustración de los cuatro círculos de James Choung muestra la intención original de Dios para su creación. Dios creó al ser humano para que fuera bueno e hiciera el bien. Sin embargo, el pecado afectó nuestra capacidad para hacer el bien: nos volvimos egocéntricos y esclavos del pecado. El pecado rompe la relación con Dios, con la naturaleza y entre nosotros.

Jesús vino para restaurar a la humanidad. Su muerte en la cruz nos liberó de la esclavitud del pecado y de la muerte.

Libres del pecado, los creyentes ahora pueden ser embajadores de Dios. Dios envía a los creyentes a sanar las relaciones mediante la predicación de las buenas noticias de Jesús a una humanidad perdida.

El ser humano no puede pasar del círculo 2 al 4 por sí solo, porque el pecado abrió una brecha que lo separa de Dios. Solo podemos llegar a Dios a través de Cristo.

Metáfora	SALUD	Jesús promete ser nuestro médico y sanar la mente, el corazón y el alma (Marcos 2:17).
Aspectos positivos	SANIDAD	• Mediante el sacrificio de Jesús, recibimos sanidad de nuestros pecados (Isaías 53:5; 1 Pedro 2:24). • La oración y la confesión para ser sanados (Santiago 5:16). • Dios perdona nuestros pecados y sana nuestras enfermedades (Salmo 103:3).
Aspectos negativos	ENFERMEDAD	• La enfermedad (Mateo 9:2,5; 1 Pedro 2:24).
Explicación	• La experiencia común de la enfermedad ofrece muchas posibilidades para ilustrar la obra de Cristo. • «No son los sanos los que necesitan médico sino los enfermos». Jesús describió así su propio ministerio. El profeta Isaías prometió: «Ningún habitante dirá: "Estoy enfermo"; y se perdonará la iniquidad del pueblo que allí habita» (Isaías 33:24). • El cuerpo tiene sus propias defensas contra algunas enfermedades; otras, sin embargo, requieren ayuda externa. De igual modo, hay defectos y problemas de personalidad que podemos enfrentar y superar; pero hay un problema moral más profundo, llamado pecado, que solo lo puede sanar un médico: Jesús.	

Metáfora	FAMILIA	Por medio de Jesús, los creyentes se convierten en hijos de Dios y lo llaman: «¡Abba, Padre!» (Gálatas 4:6).
Aspectos positivos	ADOPCIÓN	• Los cristianos pasan a formar parte de la familia de Dios (Romanos 8:15; Efesios 1:5). • Tienen todos los derechos de un hijo (Gálatas 4:5). • Reciben la seguridad de que Dios resucitará el cuerpo de los creyentes.
Aspectos negativos	HUÉRFANOS	• Los huérfanos, junto a las viudas y los pobres, son las personas más vulnerables y necesitadas de la sociedad (Deuteronomio 10:18; Santiago 1:26-27). • La vida alejada de Dios es como la de un huérfano: llena de inseguridad, peligros y falta de amor (Oseas 14:1-3).
Explicación	• Los huérfanos han sido uno de los grupos más desamparados, desprotegidos y marginados por las sociedades. • Los vínculos familiares son determinantes para la supervivencia y las posibilidades de salir adelante en la vida. • Los cristianos llaman Padre a Dios porque Él los adoptó y ahora son parte de su familia. • La palabra *Abba* equivale a nuestro término familiar y cariñoso: «papá». • Ahora, ya sea que tengamos una familia buena o mala, todos tenemos un Padre bueno.	

Metáfora	Luz	Jesús es la luz que ilumina nuestro sendero (Juan 12:46).
Aspectos positivos	Luz	• Jesús es la luz del mundo (Juan 8:12). • La luz de Jesús brilla en nuestro corazón (2 Corintios 4:4-6). • Hijos de luz (Efesios 5:8). • Jesús nos rescató de las tinieblas (Colosenses 1:13). • Dejar las obras de la oscuridad (Romanos 13:12).
Aspectos negativos	Oscuridad	• Quienes vivían en la oscuridad vieron una gran luz (Mateo 4:16). • Los humanos aman la oscuridad (Juan 3:19).
Explicación	• Un fogón en un campamento provee luz, calor, seguridad y sustento. • La luz permite que los acampantes encuentren el camino de regreso al campamento; provee calor durante la noche; mantiene alejados a los animales salvajes; sirve para cocinar y purificar el agua. • De manera similar, Jesús nos guía con su luz, calor, seguridad y sustento durante nuestro viaje por la vida.	

Pecado

- El pecado suele definirse como la desobediencia a la ley de Dios, de hecho o de actitud. La Biblia utiliza ilustraciones para explicar su significado.
- Una de estas ilustraciones es errar el blanco. Las palabras más usadas para referirse al pecado en el Antiguo y el Nuevo Testamento contienen la idea de alguien que no da en el blanco. Cuando las personas desobedecen, se rebelan o actúan en su iniquidad, sus acciones y pensamientos no cumplen con la ley de Dios; en un sentido, salen errados. Actuar o pensar de manera contraria a la ley de Dios nos conduce por un camino que nos aleja de Él.

Metáfora	Pureza	Jesús promete purificarnos completamente de nuestros pecados (Hebreos 9:14).
Aspectos positivos	Puro/Limpio	• Jesús purifica a su pueblo (Tito 2:14). • La sangre de Jesús nos limpia del pecado (1 Juan 1:9).
Aspectos negativos	Impuro/Sucio	• Jesús no nos llamó a la impureza (1 Tesalonicenses 4:7). • Servíamos a la impureza (Romanos 6:19).
Explicación	• La limpieza y la suciedad son experiencias cotidianas de la vida. Las cosas se limpian para hacerlas agradables a la vista. • Limpiamos nuestros hogares, lavamos la ropa y nos bañamos para estar presentables y agradables a los demás. • El pecado corrompe y vuelve impuras a las personas. • Nadie puede quitarse esta impureza por sus medios. • Sin embargo, Dios nos lava con la sangre de Jesús para hacernos aceptables y agradables a Él.	

Metáfora	RELACIONES	Jesús promete ser más que nuestro señor: Él será nuestro amigo (Juan 15:15).
Aspectos positivos	AMIGOS	• Jesús entregó su vida por sus amigos (Juan 15:13). • Expresamos nuestra amistad a través de la obediencia (Juan 15:14).
Aspectos negativos	ENEMIGOS	• Éramos enemigos de Dios (Romanos 5:10; Colosenses 1:21); pero en Jesús fuimos reconciliados con Dios. • Jesús vencerá a sus enemigos (1 Corintios 15:25).
Explicación	• El pecado provocó una brecha entre Dios y los seres humanos. • Esta brecha es la enemistad entre Dios y nosotros. • Jesús se convirtió en el puente por el cual podemos llegar a Dios, y así tener una relación con Él. • Ahora, tenemos una relación de amistad con Dios.	

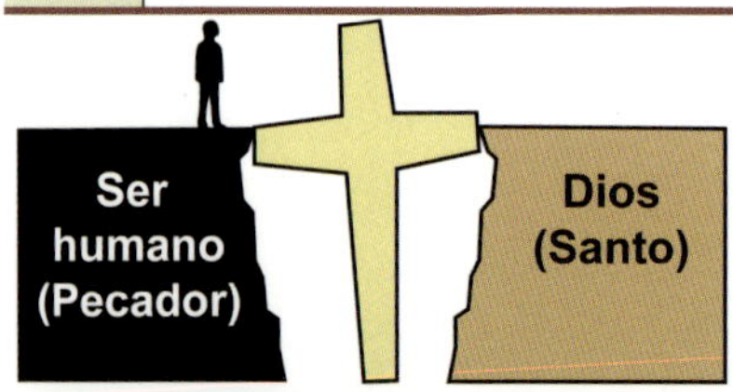

Esta figura ilustra cómo la obra de Jesús en la cruz permite que los pecadores comiencen una relación con Dios y se salven de la muerte eterna.

Metáfora	RESCATE	Jesús promete rescatarnos y protegernos (Deuteronomio 31:6; Hebreos 13:5).
Aspectos positivos	SALVOS	• Jesús vino a salvar al mundo (Juan 3:17). • Vino a salvarnos de nuestros pecados (Efesios 2:1-9). • Vino a salvarnos de la justa ira de Dios (Romanos 5:9). • Vino a salvarnos de la muerte (Hebreos 2:14-15). • Todo aquel que cree en Jesús no se perderá (Juan 3:16). • Jesús nos da la vida eterna (Juan 10:28).
Aspectos negativos	PERDIDOS	• Dios no quiere que nadie se pierda (2 Pedro 3:9). • La muerte eterna (Mat. 7:13; 25:41,46; Apo. 20:14-15). • Gehenna (Basural) (Mateo 5:22,29,30; 10:28; 18:9; 23:15,33; Marcos 9:43-47; Lucas 12:5).
Explicación	• Jesús afirmó que los malvados se pierden en el Gehenna. • Gehenna es otra palabra para referirse al infierno, pero también era el basural de la ciudad de Jerusalén donde se quemaba la basura de la ciudad, y siempre había un fuego ardiendo. • Nuestro pecado nos destruyó, y somos inservibles para Dios. • Éramos como basura lista para quemar. • Jesús vino a rescatarnos de esta inmundicia. • La cruz de Jesús es el puente que nos conduce a la seguridad eterna.	

Metáfora	**ORIENTACIÓN**	Jesús vino a buscar y a salvar a los perdidos. Prometió guiarnos hacia el destino correcto (Lucas 19:10).
Aspectos positivos	**ENCONTRADO**	• Los perdidos vuelven (1 Pedro 2:25). • El buen pastor busca a las ovejas descarriadas (Mateo 18:12). • Jesús vino a salvar lo que se había perdido (Lucas 19:10). • Hay gozo en el cielo por lo que estaba perdido pero se encontró (Lucas 15:1-7). • Hay gozo por los perdidos que son encontrados (Lucas 15:11-32).
Aspectos negativos	**PERDIDO**	• Estábamos perdidos (Isaías 53:6; Jeremías 50:6; Marcos 6:34).
Explicación	• La sensación de estar perdido, especialmente en un ambiente hostil, produce muchas emociones intensas: temor, ansiedad, enojo y desilusiones. • El problema es que quien está perdido es incapaz de llegar a su destino. • Jesús nos encamina hacia nuestro destino: el reino de Dios. Cuando Jesús nos salva, comenzamos a caminar en la dirección que nos llevará a nuestro destino final en la presencia de Dios.	

Metáfora	**MARCHA**	Jesús promete caminar a nuestro lado: «Y les aseguro que estaré con ustedes siempre, hasta el fin del mundo» (Mateo 28:20).
Aspectos positivos	**DE PIE/ CAMINANDO**	• Caminos de rectitud y de justicia (Proverbios 8:20; 12:28). • El camino de la vida revelado (Hechos 2:28; Salmo 16:11). • Jesús nos cuidará para que no caigamos (Judas 1:24).
Aspectos negativos	**CAÍDAS/ TROPIEZOS**	• Quienes están agobiados por el pecado tropiezan y caen (Isaías 3:8). • Para los que no conocen a Cristo, Él será piedra de tropiezo (Romanos 9:32,33; Isaías 8:14). • No creer en Jesús nos hace caer (1 Pedro 2:8; Lucas 20:18).
Explicación	• Caminar en los senderos de Dios es una metáfora común en la Biblia. • Caminar evoca la idea de movimiento y de un viaje: las satisfacciones y los beneficios de viajar tanto como las dificultades que conllevan. • En nuestro caminar, aprendemos, crecemos y avanzamos. • Sin embargo, es importante caminar con una dirección, para no extraviarnos. • El pecado puede entenderse como errar el blanco o equivocarnos de destino. • Jesús nos da una orientación nueva. • El Espíritu Santo es nuestra brújula; las Escrituras, el mapa. • Solo podremos llegar a Dios, nuestro verdadero destino, si caminamos al lado de Jesús.	

Metáfora	LIBERTAD	Jesús prometió liberarnos de todo tipo de esclavitud (Juan 8:36).
Aspectos positivos	LIBERACIÓN	Nos libera para: • Darnos vida nueva (Romanos 6:4). • Servir (Gálatas 5:1,13). • Darnos vida eterna (Juan 10:28).
Aspectos negativos	ESCLAVITUD	Nos libera de: • El pecado (Romanos 6:18). • La maldición de la ley (Gálatas 4:3-5). • El temor de la muerte (Hebreos 2:14-15).
Explicación	• Hay muchas cosas que nos encadenan: el interés propio, las adicciones, las relaciones rotas, el enojo y la amargura, el pasado destructivo y las deudas. El pecado mantiene cautivos nuestras mentes y corazones. Solo un milagro puede romper esas cadenas. • Jesús rompe las cadenas y nos da nueva vida, nos libera para servir a Dios y ser como Él quiere que seamos.	

Metáfora	ECONOMÍA	Jesús pagó un precio para comprar a cada creyente; la transacción es irreversible (1 Corintios 6:20; 7:23).
Aspectos positivos	PAGO	• Jesús se ofreció en rescate (como pago) por nosotros (Mateo 20:28; Hebreos 9:15). • Su sacrificio en la cruz pagó por completo la deuda que teníamos por causa del pecado.
Aspectos negativos	DEUDA	• El pecado nos hizo incurrir en una «deuda» con Dios; Jesús cancela esa deuda (Colosenses 2:14). • Pagó un precio muy alto por la redención (1 Pedro 1:19).
Explicación	• En tiempos de crisis económicas, las deudas pueden ser una carga onerosa. Aunque a menudo no nos damos cuenta, la carga del pecado es todavía más pesada. • Si la gente se saca de encima el enorme peso de las deudas financieras, puede comenzar de nuevo, ser más sabia en sus decisiones y vivir mejor. De igual modo, cuando Jesús nos quita el peso del pecado por medio de su muerte, somos libres para vivir la vida sin ataduras. Jesús ofrece la oportunidad de vivir sin estar agobiados por el peso del pecado, para que podamos tener la vida abundante que Él nos prometió.	

La redención

- La redención es el pago que se ofrece para rescatar a una persona o recuperar un bien.
- En la antigüedad, la redención estaba vinculada a la libertad de los prisioneros de guerra y los esclavos. En este sentido, Dios con su poder redimió a Israel de Egipto.
- El Nuevo Testamento emplea esta metáfora para explicar lo que Jesús consiguió en la cruz. Nos redimió del poder del pecado y la maldad. Su sangre fue el precio que pagó para liberarnos. Ningún ser humano hubiera podido pagar ese precio para obtener nuestra libertad del pecado y de la muerte. Solo Jesús podía hacer el único y definitivo pago para redimirnos. Dios ofrece la redención de Jesús a todas las personas, gratuitamente.

Metáfora	JUSTICIA	En Jesús tenemos el perdón completo. Así, se cumple la promesa de Miqueas 7:19: «Sepultará nuestras iniquidades, y echará en lo profundo del mar todos nuestros pecados».
Aspectos positivos	PERDÓN	• Perdona nuestros pecados para siempre (Jer. 31:34; Heb. 8:12). • El perdón es por la gracia de Dios (Efesios 1:7). • Dios quiere que todos reciban su perdón (1 Timoteo 2:4).
Aspectos negativos	DELITO Y CASTIGO	• Un Dios compasivo pero justo (Números 14:18). • Dios castiga el pecado (Lamentaciones 3:39). • Dios es el juez supremo (Proverbios 24:12; Romanos 14:12).
Explicación	• La mayoría de las personas, en algún momento de su vida, han tenido algún asunto legal: una multa de tránsito, un litigio, la venta de una casa o algo de más gravedad. • Si bien son situaciones incómodas, sabemos que los requisitos legales y el debido proceso son necesarios y beneficiosos. • La Biblia usa esta metáfora para mostrarnos tanto la necesidad como la justicia del perdón de Jesús y el eventual castigo. • Las consecuencias legales del pecado son tan enormes y eternas que nosotros no podríamos hacer nada. Jesús es el único que lo podía hacer y lo hizo. • Su muerte en la cruz hizo posible que pudiéramos recibir el perdón de Dios. • La Biblia presenta a Jesús como el abogado que intercede por nosotros. Él es nuestro «abogado defensor» (Hebreos 7:25; 1 Juan 2:1).	

Metáfora	MILITAR	Jesús prometió darnos paz duradera (Juan 14:27).
Aspectos positivos	PAZ	• Tenemos paz con Dios mediante la fe en Jesús (Romanos 5:1). • Jesús derribó los muros de enemistad (Efesios 2:14-22). • Jesús venció las potestades de este mundo (1 Corintios 15:24-28). • Los creyentes también son vencedores (Romanos 8:31-39).
Aspectos negativos	GUERRA	• Éramos enemigos de Dios (Romanos 5:10; Colosenses 1:21). • Estábamos sometidos al dominio de las tinieblas (Col. 1:12-14). • Éramos seguidores del diablo y andábamos en sus caminos (Efesios 2:1-7).
Explicación	• La vida se parece mucho a una batalla: una batalla contra nuestras propias luchas y contra el pecado (Romanos 7:21-25), sometidos a presiones e influencias externas. • Sin embargo, la victoria de Jesús en la cruz derrotó a todos los poderes que sujetan y restringen a la humanidad: el pecado y la muerte han sido vencidos; Satanás y sus huestes han sido derrotados. • La muerte de Jesús en la cruz fue el Día D para el pueblo de Dios. En aquel famoso día de la Segunda Guerra Mundial, los Aliados desembarcaron en las playas de Normandía y cambiaron el curso de la guerra. Jesús hirió de muerte a Satanás y selló su suerte.	

Metáfora	CONOCIMIENTO	Jesús nos da el conocimiento de Dios para ser salvos, para crecer y madurar, y para agradar a Dios con nuestra vida (1 Timoteo 2:4; 2 Timoteo 2:25).
Aspectos positivos	ENTENDIMIENTO	• Jesús nos da a conocer la salvación (Lucas 1:77). • El Espíritu nos permite entender la obra de Cristo (1 Corintios 2:12). • Recibimos sabiduría de Dios (Efesios 1:8,17; Colosenses 2:2-3; Santiago 1:5).
Aspectos negativos	IGNORANCIA	• Sin conocimiento, hay destrucción (Oseas 4:6). • Apartados de Dios vivimos en ignorancia (1 Pedro 1:14). • La insensatez y la necedad nos separan de Dios (Jeremías 5:21; 10:8; Tito 3:3).
Explicación	• El conocimiento de la Biblia en estos pasajes no se refiere solo al conocimiento mental, sino también al conocimiento íntimo. Es un conocimiento que afecta la mente y el corazón. • Para conocer realmente a una persona, no es suficiente leer una biografía, escuchar las referencias de otros o pasar unos minutos con la persona. Desarrollar una relación requiere tiempo y energía. Después de un tiempo, uno conoce a la otra persona. • No podemos conocer a Dios ni obtener la salvación solo por el conocimiento adquirido de los libros; necesitamos un conocimiento profundo y personal de Jesús. • El Espíritu Santo nos da este conocimiento fundamentalmente a través de las Escrituras, la oración y la comunión con otros creyentes.	

Metáfora	VERDAD	Jesús nos ofrece la única verdad que puede guiarnos a Dios (Juan 14:6).
Aspectos positivos	CORRECTO/ VERDADERO	• La salvación es el conocimiento de la verdad (1 Timoteo 2:4). • El evangelio es la palabra de verdad (Efesios 1:13; Juan 17:17). • La verdad del evangelio nos hace libres (Juan 8:32). • El Espíritu Santo nos conduce a la verdad (Juan 16:13).
Aspectos negativos	ERROR/ FALSO	• Los falsos profetas engañan y hacen extraviar a las personas (Ezequiel 13:1-23; Mateo 24:11,24). • Las falsas enseñanzas llevan a la destrucción (2 Pedro 2:1-2).
Explicación	• Viajar sin un mapa puede ser una aventura emocionante o puede terminar en una desgracia. Un mapa es útil siempre que sigamos las instrucciones. Un buen mapa nos guiará por el buen camino; uno con errores nos hará extraviar. • Las palabras del evangelio nos guían hacia nuestro destino final.	

La ciudadanía en el mundo romano

- La ciudadanía romana es el marco contextual que el apóstol Pablo usa para ilustrar la salvación. El apóstol Pablo era ciudadano romano de nacimiento (Hechos 22:25-29).
- Acceder a la ciudadanía romana era difícil, y no cualquiera podía obtenerla. Muchas personas adquirían la ciudadanía romana, la compraban o se les confería, pero era una ciudadanía de menor nivel; de todos modos, aun este tipo de ciudadanía secundaria le concedía muchos derechos y garantías civiles a la persona. En el Imperio romano, los esclavos liberados se convertían en ciudadanos.

Metáfora	NACIÓN	Jesús nos permite ser ciudadanos del reino del cielo.
Aspectos positivos	CIUDADANO	• Conciudadanos (Efesios 2:19). • Ciudadanos del cielo (Filipenses 3:20).
Aspectos negativos	EXTRANJERO	• Extranjeros en un mundo pecador (1 Pedro 2:11). • Peregrinos en busca de su tierra (Hebreos 11:13). • Esperamos llegar a nuestro verdadero hogar (2 Pedro 3:13).
Explicación	• Ser ciudadano de un país da identidad, seguridad y arraigo. • Los cristianos son ciudadanos del reino de Dios. Le debemos lealtad a Dios y a su voluntad. • En un mundo globalizado, donde es tan fácil viajar y trasladarse de prisa a diversos lugares del mundo, la noción de ciudadanía cobra nuevos significados. • Nuestra identidad, seguridad y sentido de comunidad no dependen del lugar o de la cultura en que nacimos, sino de los valores del reino de Dios.	

Metáfora	VISIÓN	Jesús prometió abrirnos los ojos para que pudiéramos verlo y ver las maravillas de Dios (Isaías 42:7).
Aspectos positivos	VISTA	• Jesús abrió los ojos de sus discípulos (Lucas 24:31). • Jesús vino a dar vista a los ciegos (Lucas 4:18-19; Juan 9:39).
Aspectos negativos	CEGUERA	• El pecado es ceguera (Juan 9:39-41). • Los guías ciegos hacen que muchos se extravíen (Mateo 23:16-17). • Hay gente que tiene la mente cegada al evangelio (2 Corintios 4:4).
Explicación	• En la Biblia, la ceguera física es una metáfora de la ceguera espiritual. • Jesús usó esta metáfora para enseñar sobre el evangelio (ver Juan 9). • En la antigüedad, solo los «dioses» podían sanar la ceguera. • Jesús devuelve la vista física y espiritual a las personas. • La ceguera espiritual obedece a diferentes causas: temor, incredulidad, orgullo, avaricia, odio y egocentrismo. La ceguera espiritual nos impide ver las acciones de Dios en el mundo.	

Planes de evangelización

Los cuatro planes de evangelización son maneras de presentar el evangelio para que el mensaje sea más fácil de entender. Estos cuatro planes han ayudado a millones de cristianos de todo el mundo a anunciar el mensaje del evangelio con efectividad.

Las cuatro leyes espirituales (Cruzada Estudiantil y Profesional para Cristo)	➤ Dios te ama y tiene un plan maravilloso para tu vida (Juan 3:16; 10:10). ➤ Los seres humanos son pecadores y están separados de Dios. Por lo tanto, no puedes conocer ni experimentar el amor de Dios y su plan para tu vida (Romanos 3:23; 6:23). ➤ Jesucristo es el único medio de Dios para salvar a la humanidad de su pecado. Por medio de Jesús puedes conocer y experimentar el amor de Dios y su plan para tu vida (Romanos 5:8; Juan 14:6). ➤ Debemos aceptar personalmente a Jesucristo como nuestro Salvador y Señor; entonces podremos conocer y experimentar el amor de Dios y su plan para nuestra vida (Juan 1:12; Efesios 2:8-9).
El puente a la vida (Los navegantes)	➤ La Biblia enseña que Dios ama a todas las personas y quiere que todos lo conozcan (Juan 10:10; Romanos 5:1). ➤ El ser humano pecó contra Dios y está separado de Dios y de su amor. Esta separación conduce a la muerte y al castigo (Romanos 3:23; Isaías 59:2). ➤ Sin embargo, hay una solución: Jesucristo murió en la cruz por nuestros pecados (el puente entre la humanidad y Dios) (1 Ped. 3:18; 1 Tim. 2:5; Rom. 5:8). ➤ Solo quienes aceptan personalmente a Jesucristo en su vida y confían en Él para recibir el perdón de sus pecados pueden cruzar este puente. Aceptar a Cristo Jesús es una decisión personal (Juan 3:16; 5:24).
Pasos para tener paz con Dios (Cruzada Billy Graham)	➤ Paso 1: El plan de Dios ⇨ Paz y vida (Romanos 5:1; Juan 3:16; 10:10). ➤ Paso 2: El problema del ser humano ⇨ La separación de Dios (Romanos 3:23; 6:23; Isaías 59:2). ➤ Paso 3: La solución de Dios ⇨ La cruz (1 Tim. 2:5; 1 Ped. 3:18; Rom. 5:8). ➤ Paso 4: La respuesta del ser humano ⇨ Recibir a Cristo (Juan 1:12; 5:24; Romanos 10:9).
El camino de salvación según Romanos	➤ La necesidad humana (Romanos 3:23). ➤ El castigo del pecado (Romanos 6:23). ➤ La provisión de Dios (Romanos 5:8). ➤ La respuesta personal (Romanos 10:9).

ROSE ESPAÑOL

Un sello editorial de Hendrickson Publishing Group

Rose Publishing, LLC
www.hendricksonrose.com

Impreso en EE. UU. 040121SCG

ISBN 978-162862-917-0

9 781628 629170

Autores: William Brent Ashby, BT; Benjamin Galan, MTS, ThM, Profesor adjunto de Hebreo y Literatura del Antiguo Testamento.

Traducción al español: Marcela Robaina

S730X *24 Maneras de Explicar el Evangelio* SKU: 629174
Minoristas: Paquete de 5 folletos = ISBN: 9781628629361 SKU: 629362